CHAMBRE DE COMMERCE

De Chalon-sur-Saône, Autun et Louhans

Séance du 25 Mars 1886

PROJET DE LOI

SUR LES

SOCIÉTÉS PAR ACTIONS

RAPPORT ET DÉLIBÉRATION

CHALON-SUR-SAONE

IMPRIMERIE SORDET-MONTALAN, RUE FRUCTIDOR

1886

CHAMBRE DE COMMERCE

De Chalon-sur-Saône, Autun et Louhans

Séance du 25 Mars 1886

PROJET DE LOI

SUR LES

SOCIÉTÉS PAR ACTIONS

RAPPORT ET DÉLIBÉRATION

CHALON-SUR-SAONE

IMPRIMERIE SORDET-MONTALAN, RUE FRUCTIDOR

1886

RAPPORT ET DÉLIBÉRATION

Sur le projet de loi sur les Sociétés par actions

Séance du 25 Mars 1886

PRÉSIDENCE DE M. A. CHEVRIER

Etaient présents : MM. MURATIER-SERDON, Ch. GROS, Henry DRUARD, MENAND-COPREAUX, ARMAND-SAUZAY, LAVRAND aîné (d'Autun), et Philibert GRIFFAND (de Louhans).

L'ordre du jour appelle la lecture du rapport de la Commission chargée de l'étude du projet de loi sur les Sociétés par actions.

La parole est donnée à M. MURATIER-SERDON, rapporteur, qui s'exprime en ces termes :

EXPOSÉ

« MESSIEURS,

« La loi de 1867 sur les Sociétés par actions semblait avoir donné toutes les garanties possibles contre les agissements coupables et les fraudes, mais l'expérience et les désastres financiers qui se sont produits ces années dernières, et notamment en 1882, ont démontré que les dispositions de cette loi étaient impuissantes à les prévenir et à les réprimer et qu'elles devaient être revisées et modifiées sensiblement.

« Un projet de loi, dû à l'initiative du Gouvernement, a été proposé et soumis à la sanction du Sénat qui, après examen, dans sa séance du 6 décembre 1883, l'a adopté après y avoir apporté quelques modifications. Très prochainement, ledit projet de loi sera déposé sur le bureau de la Chambre des Députés pour y être examiné et discuté.

« M. le Ministre du commerce, par sa circulaire en date du 24 février 1886, a invité les Chambres de Commerce à présenter les observations qu'elles auraient à faire sur les modifications apportées à la loi de 1867.

« Dans votre séance du 25 mars dernier, vous avez nommé une Commission à l'effet d'examiner et d'étudier ce projet de loi. Cette Commission, composée de MM. LAVRAND aîné, MENAND-COPREAUX et MURATIER-SERDON, après s'être acquittée de sa mission, m'a chargé de résumer les réflexions et les observations qui lui ont été suggérées par l'examen des nouvelles dispositions contenues dans le projet de loi ; j'ai tâché de les reproduire aussi fidèlement que possible dans le rapport qui suit et que j'ai l'honneur de soumettre à votre approbation.

RAPPORT

« La Société anonyme et par actions est principalement visée dans le nouveau projet de loi ; en effet, c'est aujourd'hui la forme la plus généralement adoptée, elle est en harmonie avec les besoins de l'époque ; elle fait appel à un grand nombre de souscripteurs, de petits capitalistes que la loi a le devoir de protéger contre les abus de promesses séduisantes dont ils ne peuvent eux-mêmes apprécier la valeur.

TITRE PREMIER

Sociétés anonymes par actions

« ARTICLES 1 ET 2. — Ces articles sont la reproduction des articles 21 et 23 de la loi de 1867.

« Le premier consacre le principe de la liberté pour la fondation des Sociétés anonymes, lesquelles ne pourront continuer à se former sans l'autorisation du Gouvernement.

« Le deuxième maintient la disposition de la même loi, qui fixe à sept le nombre d'associés nécessaire pour constituer la Société.

« ART. 3. — Les Sociétés anonymes ne peuvent diviser leur capital en actions ou coupures d'actions de moins de 50 francs, lorsque le capital n'excède pas 100,000 francs, de moins de 100 francs, lorsque le capital n'excède pas 200,000 francs, et de moins de 500 francs lorsqu'il est supérieur.

« L'admission des coupures d'actions de 50 francs rendra plus facile l'intervention des petits capitalistes dans les associations commerciales. C'est une nouvelle facilité et un encouragement donné à l'épargne.

« Le même article 3 consacre à nouveau les dispositions de l'article 1er de la loi de 1867 : « Que les Sociétés ano-« nymes ne peuvent être définitivement constituées qu'a-« près la souscription de la totalité du capital social et le « versement en espèces par chaque actionnaire du quart « au moins du montant des actions par lui souscrites. »

« Au texte qui précède, le nouveau projet de loi apporte deux dispositions nouvelles : 1° le versement devra être effectué en espèces, et 2° la justification du versement devra contenir l'indication du lieu où ce versement aura été opéré et déposé.

« Dans cette dernière disposition, la pensée du législateur a été évidemment d'abord d'assurer le versement d'une façon certaine, et ensuite sa mise à la disposition de la Société, et ce double but serait atteint plus sûrement encore, s'il était ajouté que le dépôt sera fait par chaque souscripteur d'actions dans une caisse publique, soit à la Banque de France, soit à la Caisse des Dépôts et Consignations.

« Votre Commission émet donc l'avis qu'aux dispositions de l'article 3 ci-dessus, qui contient les bases fondamentales de la constitution des Sociétés, il y soit ajouté comme corollaire la nouvelle disposition qui précède.

« ART. 4. — Cet article complète celui qui précède, en stipulant que les bulletins de souscriptions devront désormais contenir l'énonciation des principales conditions dans lesquelles la Société nouvelle va se fonder, et en première ligne la partie du capital social représentée par les apports en nature et la partie à réaliser en espèces ainsi que les avantages particuliers réservés aux fondateurs.

« Cette innovation est heureuse; elle donnera aux souscripteurs d'actions la possibilité de juger par eux-mêmes des conditions dans lesquelles va se constituer une Société dans laquelle ils vont prendre part.

« ART. 5. — Cet article contient aussi deux innovations importantes : l'impossibilité de la négociation des actions avant la constitution définitive de la Société et aussi leur maintien en titres nominatifs jusqu'à leur entière libération.

« Ces dispositions sont sages ; elles mettront un frein au jeu et aux spéculations qui permettaient de réaliser des primes non justifiées sur des titres de Sociétés en voie de formation et de laisser les souscripteurs crédules et confiants aux prises avec les embarras de la Société.

« ART. 6 — Tout souscripteur ou actionnaire qui a cédé son titre cesse d'être responsable des versements non effectués deux ans après la constitution définitive de la Société, quand la cession est antérieure, et deux ans après la cession, quand celle-ci est postérieure.

« Il était de toute justice de ne pas laisser les souscripteurs ou cessionnaires d'actions indéfiniment liés au sort d'une Société dans laquelle ils n'ont plus aucun intérêt.

« ART. 7. — Les dispositions de cet article sont très sages, en prescrivant d'abord que les apports en nature ne peuvent être représentés que par des actions libérées en totalité.

« La loi de 1867 avait gardé le silence à ce sujet, et la jurisprudence n'avait pas établi de différence entre ces dernières et les actions souscrites par les nouveaux associés.

« La présence de ces titres non libérés nuisait d'abord à la formation du capital nécessaire à la marche de la Société, et ensuite avait le fâcheux côté de mettre entre les mains des apporteurs en nature une quantité plus considérable d'actions libérées seulement d'un quart, et d'augmenter ainsi le nombre d'actions non classées et vouées à la spéculation avant leur entière libération.

« La deuxième disposition, qui exige que les actions qui représentent les apports en nature des fondateurs demeurent pendant deux années au siège social, est aussi une bonne mesure de prudence, car il est essentiel de s'assurer pendant un certain temps le concours de ces associés fondateurs, et qu'ils ne puissent aussi facilement se désintéresser de l'avenir et de la prospérité de la Société qu'ils ont fondée.

« ART. 8. — Cet article donne un caractère légal aux actions de jouissance et aux parts de fondateurs, en indiquant l'étendue des avantages qu'elle leur confère.

« Toutefois, la Commission émet l'avis qu'à ces dispositions il devrait être ajouté : « que les titres ou actions « cédés ou consentis comme parts de fondateurs ne pour- « ront, comme les autres actions des fondateurs, être « négociables que deux années après la constitution défi- « nitive de la Société. »

« ART. 9, 10, 11 et 12. — Ces articles visent spécialement la sincérité de la valeur donnée aux apports en nature, par les fondateurs et aussi sur les avantages à eux attribués.

« Il est bien certain que, malgré les dispositions de l'article 4 de la loi de 1867, qui, déjà, exigeaient que la valeur des apports en nature fût vérifiée par des commissaires choisis parmi les actionnaires, dans une première assemblée générale, ces derniers étaient rarement bien édifiés sur la sincérité des évaluations de ces apports, et qu'à ce sujet, il se commettait de graves abus.

« Pour remédier autant que possible à cet état de choses, le nouveau projet de loi contient cette nouvelle disposition : « Que, sur la demande qui en serait faite par le quart « des actionnaires présents, la vérification de la valeur « des apports en nature et des avantages particuliers ré- « servés aux fondateurs seront vérifiés par trois experts « nommés par le Président du Tribunal de Commerce. »

« Cette mesure nous paraît bonne, mais votre Commission pense que, pour qu'elle soit tout à fait efficace, elle devrait être introduite dans la loi, non comme facultative, mais obligatoire, toutes les fois qu'il y a apports en nature et avantages particuliers stipulés en faveur des fondateurs.

« ART. 12. — A défaut d'approbation des apports sociaux, la Société reste nulle et sans effet à l'égard de toutes les parties.

« Cet article consacre aux actionnaires, pendant la durée de trois années, le droit de poursuivre en demande de dommages-intérêts ceux des associés qui ont fait des apports en nature, s'il est établi que la valeur de ces apports n'atteignait pas la moitié de leur évaluation ; toutefois cette demande ne peut être faite que par un nombre d'actionnaires représentant au moins le vingtième du capital social.

« Art. 13. — L'article 13 soumet aux mêmes formalités les Sociétés anonymes, alors même qu'elles sont formées entre plusieurs apporteurs, mettant en commun leurs usines et leurs capitaux, et sans faire appel aux tiers souscripteurs ; cette mesure, dans l'intérêt des tiers, les actions de ces Sociétés arrivant sur le marché au même titre que celles des autres Sociétés.

« Les actions de ces dernières Sociétés seront soumises aux prescriptions de l'article 7 qui précède, et ne seront négociables que deux années après la constitution définitive de la Société.

« Art. 14, 15, 16 et 17. — Les dispositions de ces articles sont relatives à l'administration de la Société, au choix et à la nomination des administrateurs et des commissaires et à la durée de leurs fonctions.

« Elles déterminent les attributions et les pouvoirs des uns et des autres, et notamment les vérifications prescrites et imposées aux commissaires avant toute opération par la Société.

« Ces dispositions n'ont soulevé aucune objection et ont été adoptées par votre Commission.

« Art. 18 à 22. — Les dispositions de ces divers articles se rattachent toutes aux assemblées générales, ordinaires et extraordinaires.

« Elles fixent le nombre des actions exigé pour pouvoir y assister et prendre part aux délibérations.

« Elles déterminent, dans les différentes questions qui peuvent se produire, les majorités à obtenir pour la validité des résolutions prises par ces assemblées.

« Comme celles ci-dessus qui précèdent, ces dispositions reproduisent, à quelque chose près, celles de la loi de 1867 sur.les mêmes sujets, et n'ont également soulevé aucune objection.

« Art. 23. — Les dispositions de cet article ont été l'objet de vives discussions, elles sont en complète opposition avec celles de la loi de 1867.

« En effet, aux termes de l'article 31 de ladite loi, la modification des statuts d'une Société était seulement subordonnée à l'approbation d'une assemblée générale extraordinaire, composée d'un nombre d'actionnaires représentant au moins la moitié du capital social.

« La Cour de cassation elle-même admet la possibilité d'une modification aux clauses fondamentales d'un contrat de Société ; mais elle exige l'unanimité des actionnaires — une véritable chimère — qui échouera toujours devant la négligence des uns et le mauvais vouloir des autres.

« L'article 23 du nouveau projet de loi interdit radicalement toutes modifications aux statuts ; c'est aller un peu loin et faire que, par suite d'une omission dans son acte constitutif, une Société puisse être condamnée à l'immobilité alors que des modifications dans ses statuts sont reconnues nécessaires et indispensables à son avenir et même à son existence.

« Cette nouvelle disposition nous paraît grave et pleine de dangers ; mais, en tenant compte du respect dû à des conventions faites et acceptées de bonne foi, et aussi de ce qu'une Société en formation pourra échapper à ces périls en ayant soin d'insérer dans son acte social une clause prescrivant que, dans des conditions prévues et déterminées, l'Assemblée générale aura toujours le droit d'en modifier les statuts, votre Commission est d'avis que les dispositions de l'article 23 ci-dessus soient maintenues.

« Le dernier alinéa du même article prescrit que dans aucun cas l'Assemblée générale ne peut changer l'objet essentiel de la Société ; cette disposition doit être maintenue également.

« Art. 28. — Le premier paragraphe de cet article consacre les dispositions de l'article 36 de la loi de 1867 et maintient à *un vingtième* des bénéfices nets le prélève-

3

ment à faire sur chaque exercice pour la constitution d'un fonds de réserve.

« Le deuxième paragraphe dudit article fixe à *un dixième* du capital social la limite à laquelle ce prélèvement cessera d'être obligatoire.

« En ce qui touche le prélèvement de un vingtième sur les bénéfices nets de chaque exercice, il est de beaucoup trop réduit. Dans toutes les Sociétés qui ont souci de leur avenir, plus que de l'importance des dividendes à distribuer, ce prélèvement est de beaucoup supérieur. Dans les Sociétés industrielles, il est même prélevé en entier sur les bénéfices, avant tout partage, une deuxième réserve pour amortissement et modifications au matériel et à l'outillage des usines.

« La limite au dixième du capital social à laquelle ce prélèvement cessera d'être obligatoire nous paraît plus restreinte encore.

« Supposons une Société quelconque, au capital social de un million de francs; le prélèvement cessera donc d'être obligatoire lorsque la réserve aura atteint le chiffre de cent mille francs. Eh bien! il est certain que cette somme est insuffisante à parer dans l'avenir d'une Société à toutes les éventualités possibles, et n'est pas en rapport avec les mesures de sagesse et de prévoyance qui ont inspiré cette disposition de la loi.

« Votre Commission, et en cela d'accord avec plusieurs Chambres de Commerce consultées, est d'avis que le prélèvement de un vingtième sur les bénéfices nets est insuffisant pour la constitution d'une réserve sérieuse, et que ce chiffre devrait être augmenté sensiblement et porté à un dixième des bénéfices; mais que, dans tous les cas, il doit être prescrit que ce prélèvement ne cessera d'être obligatoire que lorsque la réserve aura atteint le quart du capital social.

« Art. 29. — Cet article autorise les Sociétés anonymes à insérer dans leurs statuts une clause aux termes de laquelle il sera distribué chaque année un coupon d'intérêt, alors même qu'il n'y aurait pas eu de bénéfice réalisé.

« C'est une atteinte grave portée au principe établi en

matière de dividende, car elle a pour conséquence de diminuer le capital social, au préjudice des créanciers de la Société.

« Mais, il a été observé avec raison qu'il serait difficile de former une Société en vue de l'exécution de travaux d'une longue durée, si les actionnaires devaient verser tout ou partie du capital et rester plusieurs années sans toucher aucun revenu.

« Toutefois, ledit article contient des clauses ou conditions restrictives, qui en amoindrissent l'effet critiquable, et, en première ligne, la fixation du terme au-delà duquel ce prélèvement d'intérêts devra cesser.

« En ce qui touche l'intérêt fixé à 5 pour 100 pour ce prélèvement, le chiffre nous paraît trop élevé et, selon nous, ne devrait pas dépasser 4 pour 100 du capital versé. Ce taux est mieux en rapport avec celui des valeurs les mieux classées et nous croyons cette modification essentielle et devant être indiquée.

« Art. 31. — Cet article contient une disposition qu'il était indispensable d'introduire dans la nouvelle loi, à savoir que lorsqu'une Société a continué à payer les intérêts ou les dividendes sur les actions, obligations ou tous autres titres remboursables par un tirage au sort, elle ne peut répéter la somme lorsque les titres sont présentés au remboursement. Il y avait là un abus criant, qui ne pouvait être toléré plus longtemps.

« On objecterait en vain que le porteur de ces titres aurait le devoir d'en surveiller les tirages, cela est possible ; mais, il est bien plus facile à la Compagnie, qui connaît les numéros sortis, de n'en plus continuer le paiement des intérêts ou dividendes.

« Art. 32. — Cet article prescrit que les formalités et les conditions prévues par la constitution de la Société sont applicables à toute augmentation de capital.

« Lors de la discussion de cet article au Sénat, il s'est élevé la question de savoir si une Société, dont les actions ne sont pas entièrement libérées, peut décider une augmentation de capital. La question n'a pas reçu de solution et c'est regrettable, car il est constant que, si une Société en est arrivée à craindre de la part de ses actionnaires une résistance à un appel de fonds auquel ils sont engagés, il y a lieu de croire que la Société n'est pas en état de prospérité et que de là se révèle le danger qu'il y aurait à laisser aux Sociétés, dont les actions ne sont pas entièrement libérées, la faculté de faire de nouvelles dupes, en augmentant leur capital social.

« Votre Commission émet l'avis que cette possibilité leur soit formellement refusée.

« ART. 33. — En principe, les dispositions de cet article interdisent aux Sociétés le rachat de leurs propres actions, sauf toutefois dans les deux cas prévus par les paragraphes 1 et 2 dudit article et notamment lorsqu'il est fait pour un amortissement prévu par les statuts.

« On ne saurait apporter trop d'entraves à ces sortes d'opérations qui ne sont généralement que factices et dans un but de spéculation sur les variations de cours qui doivent en résulter; elles ne peuvent, d'ailleurs, que discréditer la Société et arrivent à absorber la meilleure partie du capital social.

« Ledit article a également stipulé que les titres d'actions rachetés suivant les prescriptions de la susdite loi doivent être annulés et ne sauraient être remis en circulation.

« ART. 34. — Les dispositions de cet article viennent encore affirmer le danger, pour une Société, du rachat de ses propres actions en stipulant que les administrateurs, qui, hors du cas prévu par l'article 33 qui précède, ont fait ou autorisé ces achats, sont, dans tous les cas, responsables envers la Société des conséquences de cette opération.

« ART. 35. — Cet article reproduit et maintient les dispositions de la loi de 1867, à savoir : l'interdiction aux actionnaires de prendre ou de conserver un intérêt direct ou indirect dans une entreprise ou dans un marché fait avec la Société ou pour son compte, à moins qu'ils n'y soient autorisés par l'Assemblée générale.

« ART. 36. — La loi de 1867 avait déjà tempéré la rigueur

de celle de 1856 au point de vue de la responsabilité des administrateurs dans les Sociétés anonymes.

« Néanmoins, cette dernière loi consacrait encore des responsabilités solidaires et indéfinies qui dépassaient la mesure de l'équité et avaient le fâcheux effet d'écarter des Conseils d'Administration des hommes honorables qui, par leur situation et leurs capacités, pouvaient y rendre de notables services.

« Le nouveau projet de loi établit des règles plus équitables, il prescrit que les administrateurs sont responsables, conformément aux règles du droit commun, individuellement ou solidairement suivant les cas, des fautes qu'ils auront commises dans leur gestion, et dans la mesure du préjudice qu'ils auront causé.

« Ce qui précède modifie dans une juste mesure les termes de l'article 14 qui rendaient les administrateurs responsables des actes de leur délégué d'une manière par trop étendue et par trop absolue.

« L'étendue et les effets de la responsabilité des commissaires envers la Société sont déterminés par les règles générales du mandat.

« Votre Commission donne son adhésion aux dispositions qui précèdent.

« ART. 38. — Cet article reproduit les dispositions de l'article 37 de la loi de 1867 et maintient aux trois quarts du capital social la perte devant être atteinte pour rendre obligatoire la demande en dissolution de Société.

« Votre Commission considère cette limite comme trop étendue, la généralité des statuts de Sociétés sérieuses fixent à la perte de moitié du capital social l'obligation de provoquer la dissolution de la Société.

« En effet, lorsqu'une Société a perdu la moitié de son capital, elle n'a plus guère d'éléments de succès et même d'existence et cela d'autant plus que cette moitié du capital perdu a absorbé les meilleures valeurs de l'actif, celles d'une réalisation facile, et que l'autre moitié qui reste disponible, et à plus forte raison lorsqu'elle est réduite au quart, ne présente plus que des objets mobiliers et quelques créances mauvaises ou douteuses ; de là, des faillites désastreuses, closes par insuffisance d'actif, ou ne présentant que des dividendes dérisoires.

« Votre Commission croit donc être dans le vrai en vous proposant d'adopter :

« Que la demande en dissolution de Société doit être provoquée du moment où est constatée la perte de la moitié du capital social.

« ART. 40. — Cet article énumère les cas de nullité de Sociétés, constituées contrairement aux dispositions de la présente loi.

« Votre Commission ne conteste pas l'utilité de ces prescriptions, qui ont été édictées dans un intérêt d'ordre public, mais elle trouve que ces cas de nullité sont par trop nombreux et regrette qu'ils aient été étendus même à des fautes pouvant résulter de simples omissions faites sans intentions coupables, pouvant être réparées, et surtout ne pouvant porter aucun préjudice à la Société.

« Votre Commission est d'avis que les dispositions de cet article 40 soient revisées et que le nombre des cas devant entraîner la nullité des Sociétés doit être sensiblement réduit.

« ART. 41. — En cas de nullité de la Société, cet article applique le principe de responsabilité prescrit par l'article 36 qui précède aux fondateurs de la Société auxquels elle est imputable et solidairement entre eux pour les dommages résultant de cette annulation.

« Toutefois, les dispositions de cet article établissent une distinction entre les fautes commises par les fondateurs, à qui la nullité de la Société est imputable, et celles des administrateurs, qui étaient en fonction au moment où cette annulation a été encourue. Ces derniers n'encourent qu'une responsabilité facultative pour le dommage causé, et sur laquelle les tribunaux seront appelés à se prononcer.

« Seront placés dans les mêmes conditions de responsabilité que ces derniers, les associés dont les apports et les avantages à eux attribués n'auront pas été vérifiés et approuvés conformément aux articles 10 et 11 du projet de loi, qui précèdent.

« Ces dispositions dans le partage des responsabilités, nous paraissent équitables et devant être sanctionnées.

« ART. 42. — Les termes de cet article prescrivent :

« 1° Que dans le cas où la nullité d'une Société est prononcée, les actionnaires restent soumis à l'obligation d'opérer les versements qui n'ont pas été effectués sur le montant de leurs actions ;

« Et 2° que les créanciers sociaux conservent vis-à-vis des créanciers personnels des associés un droit de préférence sur tout l'actif social qui pourra être réalisé ; il était de toute justice de réserver à ces derniers le gage sur lequel ils devaient légitimement compter.

« Ces dispositions, qui mettent fin à des controverses dans l'espèce, ont été adoptées sans discussion.

« ART. 43. — Les dispositions de cet article complètent celles de l'article 41 ci-dessus ; elles stipulent que l'action en nullité et l'action en responsabilité qui résultent de cette nullité ne sont plus recevables trois années après la constitution définitive de la Société.

« Cette action pouvait être exercée pendant trente ans, et la modification apportée aujourd'hui est équitable et était indispensable.

« Ces actions tardives étaient le plus souvent la mise en pratique de moyens de pression et de chantage contre d'anciens administrateurs, et la nouvelle loi a fait une juste appréciation des droits de chacun en fixant à trois ans la prescription pour les actions en nullité ou en responsabilité pour vice de forme.

« ART. 45. — Il contient les dispositions au sujet des Sociétés anonymes existantes à ce jour et les formalités nécessaires pour leur transformation en Sociétés anonymes aux termes de la présente loi.

TITRE II

Sociétés en commandite et par actions

« ART. 46 à 54. — L'article 46 rend applicable, aux Sociétés en commandite et par actions, tous les articles du Titre Ier, qui n'ont rien de contraire à cette forme de Société.

« L'article 49 applique au Conseil de surveillance la règle déjà posée par l'article 36 pour les Sociétés anonymes, et prescrit que chaque membre est responsable de ses fautes personnelles dans l'exercice de son mandat et conformément aux règles du droit commun.

« Toutefois la durée de cette responsabilité qui, jusqu'alors, a été soumise à la prescription trentenaire, n'est plus en harmonie avec l'esprit et les dispositions de la nouvelle loi dans laquelle il doit être édicté que la responsabilité des Conseils de surveillance sera prescrite cinq ans après la cessation de leurs fonctions.

TITRE III

Dispositions particulières aux Sociétés à capital variable

« ART. 55 à 62. — Les dispositions relatives à cette espèce de Sociétés donnent toute satisfaction et doivent être approuvées.

« Entre autres, l'amendement apporté par le Sénat à l'article 60, lequel fixe les droits et obligations de l'associé démissionnaire ou exclu, et ensuite limite à deux années sa responsabilité ; cette prescription est mieux appropriée à cette nature d'actionnaire que celle de cinq années.

« Dans leur ensemble, toutes les autres dispositions sont inspirées par la nature de ces Sociétés et ne donnent lieu à aucune objection.

« Votre Commission est d'avis que la Chambre y donne son adhésion.

TITRE IV

Dispositions relatives à la publicité des Sociétés

« ART. 63 à 74. — Il est inutile d'insister sur l'importance qui s'attache pour le monde des affaires à la publicité des Sociétés, soit dans les dispositions des actes constitutifs, soit dans les actes postérieurs y apportant des modifications.

« La nouvelle loi reproduit d'abord les dispositions de la loi de 1867.

« Ensuite pour rendre plus efficace cette publicité par la presse, il a été décidé après discussion :

« Qu'il serait créé un recueil officiel dans lequel les Sociétés par actions seraient tenues de faire paraître tous les actes et délibérations dont la publication est exigée par la loi, et que ce recueil serait un bulletin annexé au *Journal officiel*.

« Les articles 73 et 74 complètent l'ensemble de ces dispositions auxquelles votre Commission ne voit aucune objection à soulever.

TITRE V

Dispositions relatives aux Obligations

« Ces dispositions sont nouvelles dans la loi; elles étaient indispensables. Jusqu'ici, les obligataires n'ayant d'autres droits que ceux attachés à leur créance et qu'ils ne pouvaient faire valoir qu'individuellement.

ART. 75. — Cet article détermine les conditions dans lesquelles les Sociétés peuvent émettre des obligations, leur forme et le minimum d'intérêt qu'elles doivent rapporter et, en outre, interdit les valeurs à lots à cause de leur similitude avec les loteries.

« Toutefois, la Commission est d'avis qu'il serait sage d'apporter une certaine limite aux droits qu'ont les Sociétés d'émettre des obligations et que l'attention de nos législateurs devra être appelée sur ce point.

« ART. 76. — Les dispositions de cet article règlent, dans le cas de liquidation ou de faillite, le moyen de calculer la valeur des obligations non remboursables. C'est la consécration de la jurisprudence en cette matière.

« ART. 77. — Cet article détermine les formalités à remplir lors de l'émission d'obligations par une Société; il formule les énonciations que doivent contenir les bulletins officiels annonçant ladite émission.

« ART. 78, 79, et 80. — C'est une heureuse innovation dans la loi, celle qui donne aux obligataires la faculté de se

réunir et le droit de nommer des mandataires chargés de soutenir leurs droits et de les représenter en justice.

« Ces mandataires doivent être choisis parmi eux. Lors de la discussion au Sénat, l'admission de mandataires étrangers a été repoussée et avec raison; il est préférable de laisser aux obligataires le soin de leurs intérêts et l'initiative des mesures à prendre pour les sauvegarder.

« ART. 81. — Cet article concède aux commissaires désignés par les obligataires le droit d'assister aux Assemblées générales quelconques des actionnaires.

« Cette immixtion par trop intime des obligataires ou de leurs mandataires dans les opérations de la Société présente des dangers; leur présence dans les Assemblées générales peut provoquer des conflits préjudiciables aux intérêts et même au crédit de la Société. Aussi, certaines dispositions dudit article semblent édictées pour prévoir ces conflits et en atténuer les effets, puisqu'il y est stipulé que les obligataires ou leurs mandataires ne peuvent s'immiscer dans la gestion des affaires sociales et qu'aux assemblées générales d'actionnaires, ils ne peuvent prendre part ni aux discussions, ni aux votes.

« Votre Commission est d'avis que le droit accordé aux obligataires ou à leurs mandataires de se faire délivrer toutes pièces d'inventaire et copies des procès-verbaux des Assemblées générales des actionnaires ne doit pas leur être accordé.

« Sous le bénéfice des réserves faites dans l'article 81 qui précède et relatives aux droits des obligataires ou de leurs mandataires, votre Commission est d'avis d'adopter les autres dispositions desdits articles qui n'auront rien de contraire aux restrictions ci-dessus stipulées.

TITRE VI

Des Tontines et des Sociétés d'assurances

« Aucune modification n'a été faite à la loi de 1867, en ce qui concerne ces Sociétés; elles continuent à être soumises à l'autorisation et à la surveillance du Gouvernement.

« Le caractère compliqué et aléatoire de leurs opérations a fait maintenir ces garanties dans l'intérêt du public nombreux qui s'adresse à ces Sociétés sans être à même de se rendre un compte bien exact de la portée des combinaisons diverses auxquelles se prête le contrat d'assurances en général.

« Cette disposition n'a motivé aucune objection de la part de votre Commission, qui vous en propose l'adoption.

TITRE VII

Des Sociétés étrangères

« ART. 90 à 96. — Les diverses dispositions de ces articles déterminent les conditions auxquelles devront être soumises les Sociétés étrangères pour que leurs actions puissent être émises et négociées en France.

« Les Tontines et Sociétés étrangères d'assurances sur la vie sont soumises à l'autorisation et à la surveillance du Gouvernement; elles doivent fournir un cautionnement affecté par privilège au paiement des indemnités qui pourront être dues pour les risques encourus en France.

« La loi nouvelle rend applicables aux Sociétés étrangères certaines dispositions des titres qui précèdent et notamment celles qui ont trait à la publicité, au montant des actions et au remboursement des obligations.

« Ces précautions paraissent légitimes. Il ne serait pas équitable qu'une Société étrangère puisse venir en France exercer son action, sans être assujettie aux mêmes conditions que celles du pays, ou qu'elle puisse les éluder facilement en passant la frontière.

« Pour compléter les dispositions qui précèdent, votre Commission, en adoptant l'avis déjà émis par plusieurs Chambres de Commerce, vous propose d'y ajouter ceux qui suivent :

« 1° Que la nouvelle loi consacre un principe de réciprocité équitable, à savoir que les Sociétés étrangères ne puissent s'établir en France, si la nationalité à laquelle elles appartiennent ne reçoit pas sur son territoire les Sociétés françaises;

« 2° Que les Sociétés étrangères, pour leurs opérations en France, soient soumises à une taxe suffisante pour compenser les charges et les impôts de toute nature qui pèsent sur les Sociétés françaises.

« Ces deux additions faites aux dispositions des articles 90 à 96 du titre VII qui précèdent, la Commission vous en propose l'approbation.

TITRE VIII

Dispositions pénales

« Les dispositions de ce titre de la loi sont généralement empreintes d'une bien grande sévérité; les pénalités y sont parfois excessives et il n'y est fait aucune distinction entre l'omission de simples formalités sans conséquences et les dissimulations coupables, et le projet proposé frappe également les uns et les autres.

« Que la loi se montre sévère et rigoureuse au regard des manœuvres dolosives et frauduleuses auxquelles ne craignent pas de se livrer certains agioteurs; mais on ne saurait comprendre qu'elle usât des mêmes rigueurs envers des administrateurs de bonne foi qui, par négligence et même souvent par ignorance, auront commis et laissé commettre quelques irrégularités sans importance et alors surtout qu'elles n'auront causé aucun préjudice à la Société.

« Ensuite de l'ensemble des dispositions qui précèdent, les fondateurs, administrateurs et commissaires sont déjà déclarés responsables envers les actionnaires et les tiers des fautes qu'ils commettent dans l'exercice de leurs fonctions; si, en outre, la loi nouvelle vient les frapper de peines graves comme l'amende et la prison, il est bien certain qu'on ne trouvera plus d'hommes honorables et considérés qui veuillent accepter les fonctions d'administrateurs, et que, dès lors, la formation des sociétés honnêtes et sérieuses deviendra impossible.

« Votre Commission, Messieurs, émet l'avis que le chapitre des dispositions pénales soit totalement revisé, que les peines y sont parfois excessives, que les contraventions à la loi, commises de bonne foi, ne soient pas frappées de peines correctionnelles, et que l'amende et la prison soient réservées aux infractions présentant un caractère essentiellement délictueux et frauduleux.

TITRE VIII ET DERNIER

Dispositions Diverses

« Aucune modification à signaler.— Adopté.

CONCLUSIONS

« Telles sont, Messieurs, les observations que votre Commission a l'honneur de vous soumettre et que nous résumons ainsi qu'il suit :

« *Article 3.* — Que le versement du quart du montant des actions sera opéré dans une caisse publique, soit à la Banque de France, soit à la Caisse des Dépôts et Consignations, et qu'un règlement d'administration publique détermine le retrait de ces dépôts en les débarrassant de toute entrave.

« *Art. 8.*— Que les titres et actions consenties comme parts de fondateurs ne puissent être négociables que deux années après la constitution définitive de la Société.

« *Art. 9.*— Que l'expertise des apports en nature et des avantages consentis aux fondateurs ne soit pas facultative, mais qu'elle soit obligatoire et faite par des experts nommés par le Président du Tribunal de Commerce.

« *Art. 23.*— Que les dispositions de cet article soient maintenues et qu'aucune modification ne puisse être apportée aux statuts d'une Société qu'autant que cette modification aura été prévue et autorisée par les statuts.

» *Art. 28.* — Que le prélèvement de un vingtième sur les bénéfices nets soit porté à un dixième et qu'il ne cesse d'être obligatoire que lorsque le chiffre de la réserve aura atteint le quart du capital social.

« *Art. 29.* — Que le prélèvement sur le fonds social pour la distribution d'intérêts statutaires pendant la période

de premier établissement ne puisse pas dépasser le taux
de 4 %.

« *Art. 32.* — Que toute augmentation de capital en
puisse avoir lieu qu'alors que la libération complète des
actions soit effectuée.

« *Art. 33.* — Que le rachat par une Société de ses
propres actions ne soit possible qu'à l'aide de ressources
exceptionnelles, comme réduction de capital et avec une
autorisation donnée par une Assemblée générale.

« *Art. 38.* — Que la dissolution de toute Société soit
obligatoire dès que le capital social est diminué de moitié.

« *Art. 40.* — Que les dispositions de cet article soient
revisées, et que le nombre des cas devant entraîner la
nullité des Sociétés soit sensiblement réduit.

« *Art. 49.* — Qu'il soit stipulé dans la loi que la responsabilité des Conseils de surveillance dans les Sociétés
en commandite et par actions, soit prescrite cinq ans
après la cessation de leurs fonctions.

« *Art. 75.* — Qu'il soit apporté certaines limites au
droit qu'ont les Sociétés d'émettre des obligations.

« *Art. 81.* — Que les porteurs d'obligations ou leurs
mandataires n'aient pas le droit d'assister aux assemblées
des actionnaires, et que seul, leur soit accordé le droit
d'avoir pour eux des réunions spéciales.

« *Art. 90.* — 1° Que les Sociétés étrangères ne puissent
s'établir en France qu'autant que la nationalité à laquelle
elles appartiennent reçoit sur son territoire les Sociétés
françaises ;

« 2° Que les Sociétés étrangères, pour leurs opérations
en France, soient soumises à une taxe suffisante pour compenser les charges et les impôts de toute nature qui pèsent
sur les Sociétés françaises.

« *Dispositions pénales.* — Enfin que le chapitre des
dispositions pénales soit revisé notablement ; que les
contraventions à la loi commises de bonne foi ne soient
pas frappées de peines correctionnelles, et que l'amende
et l'emprisonnement soient réservées aux infractions présentant un caractère essentiellement frauduleux et délictueux.

« En conséquence, — sous les réserves qui viennent de vous être exposées, — votre Commission vous propose d'approuver le projet de loi que vous avez renvoyé à son examen. »

DÉLIBÉRATION

La Chambre de Commerce de Chalon-sur-Saône, Autun et Louhans,

Après avoir entendu le rapport ci-dessus et l'avoir discuté, lui donne son entière approbation, en adopte les conclusions et les transforme en délibération.

Elle décide, en outre, que ce rapport sera imprimé et adressé *in extenso* à MM. les Sénateurs et Députés du département, ainsi qu'à la Commission de la Chambre chargée de l'étude du projet de loi et aux Chambres de Commerce correspondantes.

Ainsi fait et délibéré en séance les jour, mois et an ci-dessus et ont signé les membres présents.

POUR COPIE CONFORME :

Le Président,

A. CHEVRIER.

Chalon-sur-Saône, imprimerie SORDET-MONTALAN.